EL DIARIO DE LA FELICIDAD

EL DIARIO DE LA FELICIDAD

Creatividad para alegrarte el día

Traducción de María del Mar López Gil

PLAZA & JANÉS

Papel certificado por el Forest Stewardship Council®

MIXTO
Papel procedente de fuentes responsables
FSC® C117695

Penguin Random House Grupo Editorial

Título original: *The Happiness Journal*
Primera edición: noviembre de 2022

Printed in Spain – Impreso en España

ISBN: 978-84-01-02910-3
Depósito legal: B-15418-2022

Diseño original de Ana Bjezancevic
Compuesto en M. I. Maquetación, S. L.

Impreso en Gómez Aparicio, S. A.
Madrid

L 0 2 9 1 0 3

ESTE LIBRO PERTENECE A:

INTRODUCCIÓN

A todos nos vendría bien un poco más de felicidad en nuestras vidas, ya sea la de las carcajadas, la de la emoción incontenible o la de una plácida dicha. Nadie puede, como es natural, vivir en un estado permanente de felicidad absoluta; no estamos concebidos para ello, y perseguir ese objetivo a expensas de atender a lo que realmente nos está sucediendo es contraproducente. Sin embargo, puede que a veces nos encontremos con una sensación de desequilibrio, bloqueados y carentes de inspiración.

Los ejercicios de este libro están diseñados para ayudarte a abrazar lo positivo de tu vida y brindarte más oportunidades para alcanzar la felicidad. Hay mucho espacio para que anotes tus experiencias, reflexiones e ideas, porque el significado de la felicidad y la manera en la que la construimos en nuestras vidas difieren para cada uno de nosotros. Así pues, tómate tu tiempo, da alas a tu creatividad y busca lo que te funcione.

AQUÍ TODO LO QUE SIENTES ES BIENVENIDO

Nadie puede ser feliz en todo momento. No es nuestra naturaleza, al margen de lo que los contenidos de las redes sociales puedan llevarnos a pensar. Estamos dotados de un abanico completo de emociones por una buena razón. Sin embargo, a menudo se nos dice que hay «buenos» y «malos» sentimientos. Y, qué duda cabe, experimentar algunos puede resultar desagradable o doloroso. Pero lo cierto es que nuestros sentimientos actúan como mensajeros de nuestras experiencias y, si nos empeñamos en ser felices a todas horas y a toda costa o nos juzgamos cuando no lo somos, ignoramos cómo nos sentimos realmente y eso suele tener un efecto contraproducente.

Prueba este ejercicio inspirado en el *mindfulness* para comprobar cómo te sientes en este preciso instante.

- Siéntate cómodamente con la espalda erguida.
- Realiza un par de respiraciones lentas y profundas y a continuación cierra los ojos.
- Respira con normalidad y centra tu atención en el flujo del aire mientras inhalas y exhalas.
- Trata de integrar cuantas sensaciones estés experimentando en este preciso instante, tal y como afloren.
- Identifica cada emoción que estés sintiendo.
- Acepta cómo te sientes. Recuerda que no tiene por qué agradarte. La aceptación consiste en reconocer que no puedes controlar cómo te sientes, ni tienes necesidad de ello.
- Reconoce que estas sensaciones no pretenden hacer mella en ti y que pasarán.
- Ten presente que eres un ser humano y que tienes derecho a sentir lo que sientes.
- Siempre que tu mente se distraiga, toma conciencia de ello y de adónde te ha llevado y a continuación vuelve a centrar suavemente tu atención en tu respiración y en tus sensaciones.
- Intenta mantener la concentración durante unos minutos.
- Cuando quieras terminar, abre los ojos.

Tómate un momento para reflejar aquí cómo ha sido la experiencia. Y recuerda no juzgarte si te ha parecido difícil.

CONSEJO/ Realizar habitualmente este ejercicio como parte de tu rutina puede ser beneficioso para integrar tus emociones y practicar la autoaceptación.

Las cosas buenas de la vida

Ahora dedica unos instantes a pensar en algunas de las cosas buenas de tu vida. Podrían ser tus seres queridos, un logro del que te enorgullezcas o sencillamente el ronroneo de tu gato. Apunta aquí lo que te venga a la cabeza. El centrarnos en las cosas que nos hacen sonreír nos puede ayudar a cambiar de perspectiva, a fomentar el optimismo y a adoptar una actitud positiva. Muchos nos vemos atrapados con demasiada facilidad en las dificultades del día a día. Una manera efectiva de tener presentes las cosas buenas es crear recordatorios visuales, por ejemplo con fotos (enmarcadas, pegadas en la nevera, enganchadas al llavero, etc.) o con algo más simbólico, como entradas para un magnífico concierto o un recuerdo de un viaje especial.

Piensa cuándo y dónde te podrían ser de provecho estos recordatorios, a lo mejor junto a la puerta de entrada para darte la bienvenida cuando llegues, encima de tu mesa de despacho o de fondo de pantalla en tu teléfono para poder llevarlos encima.

Consejo/ Es posible que a menudo dejemos de valorar las cosas cuando nos resulten familiares, no te olvides de crear nuevos recordatorios cada cierto tiempo.

«Debes ser
el mejor juez de tu
propia felicidad».

Jane Austen

La felicidad es...

La felicidad puede manifestarse en multitud de formas, desde momentos de alegría hasta un estado de paz más duradero. Puede encontrarse en la carcajada y en la reflexión serena, en los recuerdos del pasado y en la anticipación del futuro. La felicidad puede ser emocionante, reconfortante, expectante y satisfactoria, entre otras muchas cosas.

¿Qué significa la felicidad para ti? ¿Cómo experimentas la felicidad? ¿Qué personas, recuerdos, objetos, música, imágenes, sabores, olores y sensaciones asocias con la felicidad?

A continuación, anota cuantas ideas se te ocurran. Para empezar, podrías completar la frase: «La felicidad es...».

La felicidad es...

«Estos dolores que sientes son mensajeros. Escúchalos».

Rumi

¿CUÁL ES LA IMAGEN DE LA FELICIDAD?

¿Cómo dibujarías la felicidad? ¿Sería una persona, una escena de un recuerdo, un objeto, o quizá algo más abstracto? ¿Qué colores, formas y motivos te vienen a la cabeza?

Intenta retener en tu mente esa imagen de la felicidad, y todo lo que asocies con ella, mientras la dibujas aquí. Que el resultado no sea esmerado o perfecto es lo de menos; lo que cuenta es el proceso.

CONSEJO/ Echa un vistazo a **«La felicidad es...»** para encontrar ideas que te sirvan de inspiración.

HAZ UN DESCANSO COMO ES DEBIDO

¿Tienes un día ajetreado por delante? Planifica algunas pausas y ten previsto lo que vas a hacer en ellas.

Podría ser una hora para comer o buscar un hueco de cinco minutos, pero, independientemente de cómo te tomes un tiempo para ti, asegúrate de que sea un descanso como es debido y no te distraigas echando un vistazo al teléfono o consultando el correo electrónico ni con interrupciones de la familia o los compañeros de trabajo.

Reflexiona acerca de lo que te ayuda a cargar las pilas. Tal vez sea disfrutar de una taza de algo que te haga entrar en calor, encontrar un lugar tranquilo para sentarte y dejar que tu mente divague, escuchar música o salir a estirar las piernas. También podrías realizar un ejercicio de respiración o bien dibujar, garabatear o colorear en este libro.

Fija un periodo de tiempo para la pausa, cíñete a él y, sobre todo, permítete de forma consciente relajarte de verdad. El resto puede esperar.

«La tensión es quien crees que deberías ser. La relajación es quien realmente eres».

Proverbio chino

Date permiso

A veces, a muchos nos cuesta hacer las cosas que nos reportan felicidad. A lo mejor sentimos que nos falta tiempo o que deberíamos ocuparnos de los demás antes que de nosotros mismos. Podemos considerar innecesario, condescendiente e incluso egoísta realizar actividades que nos hacen felices. Ya las haremos más tarde, o la semana / el mes que viene, cuando estemos menos ocupados. Tal vez nos pongamos con ello, a saber. A medida que pasa el tiempo, nuestras necesidades y nuestra felicidad pueden quedar relegadas en nuestra escala de prioridades.

Pero cuando descuidamos nuestra felicidad perdemos la sensación de equilibrio; puede que el estrés y las preocupaciones se acumulen y que de hecho se nos haga más cuesta arriba realizar esas cosas que considerábamos prioritarias. Porque encontrar tiempo para aquello que nos proporciona felicidad, lejos de ser una actitud egoísta, es una responsabilidad que tenemos no solo con nosotros mismos sino también con los que nos rodean.

A continuación, escribe una autorización con el fin de tener presente este compromiso. Incluye detalles acerca de por qué es importante que te tomes este tiempo personal y cuáles son los beneficios para ti y para aquellos que te rodean.

ME DOY PERMISO PARA...

¿QUÉ TE APORTA FELICIDAD?

A continuación, apunta ideas para actividades que te hagan feliz. Podría ser quedar con los amigos, ver películas, dar un paseo en solitario, pintar, hacer punto, practicar deporte, cualquier cosa que cuando realices te proporcione una sensación de felicidad.

Para inspirarte, echa un vistazo a **«La felicidad es...»** y reflexiona acerca de todas las diversas formas de felicidad representadas en las cosas que enumeraste. Por ejemplo, la felicidad que te hace partirte de risa, que entraña pura diversión, que te acelera el corazón, que da ese sentido a tu existencia, que te ayuda a relajarte y que te alegra. ¿Qué actividades contribuyen a que sientas estos diferentes tipos de felicidad?

«El jabón es para
el cuerpo lo que
la risa para el alma».

Proverbio judío

Tu mundo natural

Se ha demostrado que el contacto con la naturaleza —sea en mitad del campo, en tu jardín o en el parque del barrio (e incluso su mera contemplación a través de una ventana)— influye enormemente en nuestro bienestar, pues alivia el estrés y la ansiedad, y mejora el estado de ánimo. Los cambios se manifiestan en todo el cuerpo, ya que disminuye la presión arterial e incluso refuerza el sistema inmunológico. Además, se produce un incremento del neurotransmisor de la serotonina, una de las hormonas de la felicidad.

¿Cuándo tienes contacto con la naturaleza en tu vida cotidiana? La próxima vez que salgas de casa, presta especial atención al entorno natural. Incluso en las ciudades hay árboles que flanquean las calles, musgo y pequeñas plantas que crecen en las grietas de los muros y arbustos que asoman por encima de las vallas de jardines. Párate unos instantes, acércate y fíjate en los detalles. Empápate con cada uno de tus sentidos: vista, tacto, olfato, oído... aunque seguramente en este caso sea mejor prescindir del gusto.

A continuación, dale tiempo a tu mente para que aprecie la sutil y extraordinaria complejidad de cómo vive ese árbol o esa planta, cómo encuentra nutrientes y luz y qué papel desempeña en su ecosistema en particular. Piensa en cómo proporciona refugio y alimento a insectos, aves, hongos y otras plantas. Ten en cuenta las partes que no son visibles —las raíces subterráneas, los vasos conductores del interior de los tallos— y cómo todas funcionan conjuntamente para dar sustento a la vida.

También puedes observar la misma planta o el mismo árbol a lo largo del año para apreciar qué cambios se producen con el paso de las estaciones.

CONSEJO/ No olvides levantar la vista. Sea de día o de noche, el cielo es algo que en todo momento tenemos a nuestro alcance y que está en un cambio continuo. Deja que tus ojos se aclimaten a la intensidad de la luz (pero jamás mires directamente al sol) y simplemente observa los colores, las formas y el movimiento. Hasta en los días más grises hay oscilaciones en las nubes y, al igual que nuestros sentimientos, están en constante evolución.

«Si realmente amas la naturaleza, encontrarás belleza en todas partes».

Vincent van Gogh

Toma nota de lo positivo

A veces es preciso prestar especial atención a lo que va bien en nuestra vida. Con demasiada facilidad tenemos en cuenta las cosas negativas, las críticas y los problemas que es necesario resolver. Pero esto a menudo va en detrimento de las positivas, los elogios y los triunfos. Sin ser conscientes de ello, realizamos una lectura errónea y sesgada del transcurso de nuestra jornada y, si repetimos este mismo patrón día tras día, es posible que afecte al curso de nuestra vida y a cómo nos sentimos.

A lo largo de la próxima semana vamos a realizar un esfuerzo consciente por valorar las cosas positivas y anotarlas aquí. Al principio puede que haya que cogerle el tranquillo —igual que para cambiar cualquier hábito— y tal vez pases por alto cosas positivas o sientas que las negativas aún las superan, pero con la práctica probablemente repararás cada vez en más cosas, la lista crecerá y esto se convertirá en una manera de pensar más natural.

No se trata de intentar dar un giro positivo a las malas rachas o experiencias o de poner al mal tiempo buena cara (ver **«Aquí todo lo que sientes es bienvenido»**), sino más bien de asegurarse de no pasar por alto o menospreciar las cosas buenas cuando suceden.

Lunes

Martes

Miércoles

Jueves

Viernes

Sábado

Domingo

Consejo/ No olvides las pequeñas cosas. El «gracias», el «qué bien»... Todo cuenta.

«Observar con atención es recordar con claridad».

Edgar Allan Poe

Celebrar los triunfos

Haz un repaso de tu registro de cosas positivas y resalta todos tus logros y éxitos o rodéalos con un círculo. Si consideras que no hay ninguno, plantéate qué ha ocurrido a lo largo de la semana: ahí estarán, aun cuando en un primer momento no seas capaz de verlos.

Puede que parezcan pequeños, o tal vez sientas que pierden valor ante lo que consideras fracasos, pero que te acordaras de regar las plantas, ultimar esa tarea, mantener esa conversación difícil o llegar a tiempo al trabajo (aunque llegaras tarde el resto de los días) cuentan como triunfos si personalmente conllevaron un esfuerzo.

Celebra tus triunfos. Felicítate. Prémiate. Elige una de las cosas de esa lista y escribe aquí acerca de ella. Piensa en por qué fue un reto y en qué hiciste para superarlo. Permítete enorgullecerte de tu logro mientras escribes.

El poder de la anticipación

Puedes sacar más jugo de la felicidad que te producen las actividades con las que disfrutas si te das la oportunidad de esperarlas con antelación. Las investigaciones han demostrado que la expectación ante las cosas placenteras puede influir muy positivamente en nuestro estado de ánimo. Así pues, reserva un hueco en tu agenda, pega notas en la nevera, ponte recordatorios en el teléfono, cualquier cosa que te ayude a tener presentes las cosas buenas que están por llegar.

No dejes esto solo para las grandes ocasiones, por ejemplo las vacaciones, extiende el poder de la anticipación al día a día. Plantéate cosas como hacer pausas para un café, pasar ratos con los amigos o la familia, relajarte delante de la televisión… En épocas de estrés, el tener en mente que algo gratificante se halla a la vuelta de la esquina puede ser particularmente beneficioso. Y el hecho de pensar en lo que está por llegar no solo te dará un subidón, sino que también es probable que planifiques más cosas placenteras para esperarlas con antelación.

A continuación, escribe una lista de cosas placenteras que puedas realizar la semana que viene. Apunta junto a cada una cuándo la harás y plantéate cómo puedes crear esa sensación de anticipación.

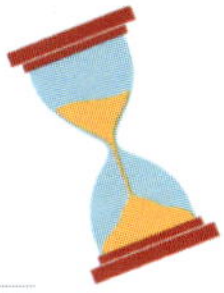

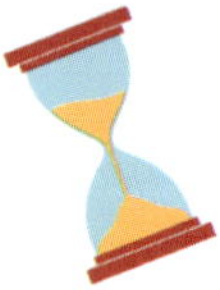

«El placer reside primero
en la anticipación,
y luego en el recuerdo».

Gustave Flaubert

Un cambio positivo

No todo lo que nos proporciona felicidad resulta gratificante o fácil de hacer. A veces conlleva realizar un cambio difícil, romper un hábito o adoptar otro con el fin de obtener un beneficio.

- Escribe aquí, con mayúsculas, un cambio positivo y realista que te gustaría realizar en tu vida.

- ¿Qué podrías hacer hoy, por insignificante que sea, para acercarte a ese objetivo? Anota eso también.

- ¡Ahora, hazlo!

CONSEJO/ Si te cuesta mucho dar el primer paso, echa un vistazo a **«¿Qué te frena?»**.

«La verdadera vida se vive cuando se producen pequeños cambios».

León Tolstói

¿QUÉ TE FRENA?

Es posible que sintamos renuencia en muchos sentidos a la hora de realizar cambios positivos en nuestras vidas, ya sea por temor al fracaso o a no dar la talla, por la sensación de no disponer del tiempo suficiente o porque nos abruma la magnitud de la tarea.

Reflexiona acerca de lo que te impide dar el paso.
Apunta aquí lo que se te pase por la cabeza.

Ahora, concéntrate en lo que podría empezar a marcar la diferencia. Podría ser emprender esa tarea de gran envergadura dividiéndola en partes abordables para luego llevarlas a cabo una a una. A lo mejor se trata de examinar detenidamente tu agenda y darle un par de vueltas para hacer huecos. Tal vez sea cuestión de replantearte tu concepto del fracaso y recordar que todos fracasamos y no pasa nada: de hecho, es necesario, pues de lo contrario ¿cómo vamos a aprender? Quizá se trate de conseguir ayuda de la familia o los amigos. Quizá de decidir buscar ayuda profesional, por ejemplo de un terapeuta, para ahondar en la raíz de lo que te está frenando. A lo mejor son todas estas cosas. O es posible que, de hecho, después de reflexionar detenidamente, en realidad no quieras lo que pensabas que deseabas.

Junto a tus reflexiones acerca de lo que te está frenando, apunta algunas ideas sobre qué o quién podría ayudarte a dar el primer paso. No es necesario que tengas la solución totalmente mascada, basta con algunos planteamientos sobre qué podría marcar la diferencia. Si a pesar de ello la tarea te resulta difícil de realizar, desglósala en pasos más pequeños hasta que digas para tus adentros «Puedo hacerlo». Recuerda que el mero hecho de realizar este ejercicio ya es un comienzo.

«Lo más difícil es tomar la decisión de actuar, el resto es mera tenacidad».

Amelia Earhart

ETAPAS DIFÍCILES

Todos pasamos por etapas difíciles, y es importante no negar estas experiencias y sentir que hemos de recuperarnos para estar listos. Sin embargo, eso no significa que dejes de preocuparte de ti en el transcurso de esos baches.

Algunas personas tienen lo que se llama una «cajita para el consuelo» en la que guardan cosas que las reconfortan y les recuerdan dónde encontrar ayuda si la necesitan.

Apunta algunas ideas de cosas que podrías meter en tu cajita para el consuelo.

Piensa en los sentidos. Podrías guardar, por ejemplo, una bolsita de hierbas para entrar en calor con una infusión; aceites esenciales, un saquito de lavanda o una vela perfumada para envolverte en una fragancia relajante; o bien una manta o un jersey suave para arroparte.

¿Qué libros o películas son familiares o te reconfortan?

Los recuerdos que generan emociones positivas —por ejemplo: las fotos, postales y tarjetas— también pueden servir de gran ayuda.

No olvides guardar el nombre y el número de teléfono de un amigo o familiar de confianza con quien puedas conversar. También podrías incluir recordatorios de otras fuentes de utilidad, como páginas web o teléfonos de ayuda.

A lo mejor tampoco estaría de más incluir recordatorios de qué evitar, por ejemplo para que te motiven a tomar distancia de las redes sociales o a controlar tu consumo de alcohol. Funciona mejor combinando los estímulos con la toma de conciencia.

Respira con calma

Cuando te relajas, tu respiración adopta de forma automática un ritmo más profundo y acompasado. Esa es una de las razones por las que la respiración es tan importante en la meditación. De forma inversa, es posible utilizar esta conexión para alcanzar el estado de relajación cuando nos invaden el nerviosismo o el estrés.

Podemos potenciar los efectos de la respiración profunda a nivel físico combinándola con un proceso mental que también contribuya a relajarnos. Para ello, en el siguiente ejercicio hay que centrarse en una palabra. La que elijas depende exclusivamente de ti, pero la idea es que sea una que te traiga a la mente la sensación de estar relajado. Algunas personas recurren simplemente a la palabra «relax» o «respiración».

Consejo/ A veces, cuando nos alteramos o padecemos ansiedad, la respiración profunda no basta para imbuirnos de un estado de calma. No te preocupes ni te juzgues si esto te sucede. Cada cual es diferente y seguro que hay otras técnicas y pautas beneficiosas. Hablar con tu médico o con un terapeuta profesional es una buena manera de hallar más herramientas.

1. Siéntate o túmbate en un lugar cómodo.

2. Centra tu atención en el flujo del aire que entra y sale de tus pulmones. Nota cómo pasa desde la nariz hasta el pecho y luego sale a través de la nariz o la boca.

3. Ahora, comienza a realizar respiraciones más lentas y profundas. Lleva el aire hasta el fondo de tus pulmones (tanto como te resulte cómodo) de manera que tu abdomen se expanda. Coloca la mano sobre tu abdomen para poder sentir cómo se expande y contrae.

4. Continúa practicando esta respiración profunda durante uno o dos minutos.

5. Ahora, al inhalar, visualiza en tu mente la palabra elegida. Imagina que el aire que fluye hasta el interior de tus pulmones te imbuye de esa sensación de calma.

6. Al exhalar, imagina que el aire que expulsas de tu cuerpo se lleva la tensión o ansiedad.

7. Continúa tanto tiempo como te resulte cómodo. Podrías comenzar probando con un par de minutos y después prolongarlo a cinco.

«A veces lo más
importante en todo
el día es la pausa que
realizamos entre dos
respiraciones profundas».

Etty Hellesum

Tu lugar feliz

Siempre que te estreses o preocupes, puedes realizar este ejercicio; te ayudará a relajarte y a aquietar tu mente.

Tu lugar feliz puede ser algún sitio que hayas visitado o un espacio fruto de tu imaginación concebido única y exclusivamente para ti. Podría ser un lugar que asocies con recuerdos felices de la infancia o unas vacaciones magníficas, a lo mejor en un bosque o en una acogedora cabaña. No olvides que puedes tener más de un lugar feliz.

Consejo/ Si te cuesta conciliar el sueño, prueba este ejercicio para llevar tu mente y tu cuerpo a un estado más relajado.

- Busca un lugar tranquilo y silencioso donde puedas sentarte o tumbarte cómodamente.
- Cierra los ojos y concéntrate en tu respiración durante unos instantes. A continuación, realiza unas cuantas respiraciones profundas y deja que te relaje el movimiento de entrada y salida del aire en los pulmones.
- Una vez te hayas relajado, dirige la atención a tu imaginación. Estás a punto de internarte en tu lugar feliz. ¿Qué ves? A lo mejor es una puerta, un camino, una verja o un rincón entre dunas de arena.
- Adéntrate en tu lugar feliz. ¿Qué ves?
- Piensa en los demás sentidos. ¿Qué hueles, qué oyes, qué tocas? ¿Qué sensación te provoca el suelo bajo tus pies?
- Muévete libremente para explorar el espacio o acomódate y disfruta de la sensación de paz y seguridad sin más.
- Cuando te dispongas a abandonar ese espacio, dirige de nuevo tu atención hacia tu respiración y, cuando quieras, abre los ojos.

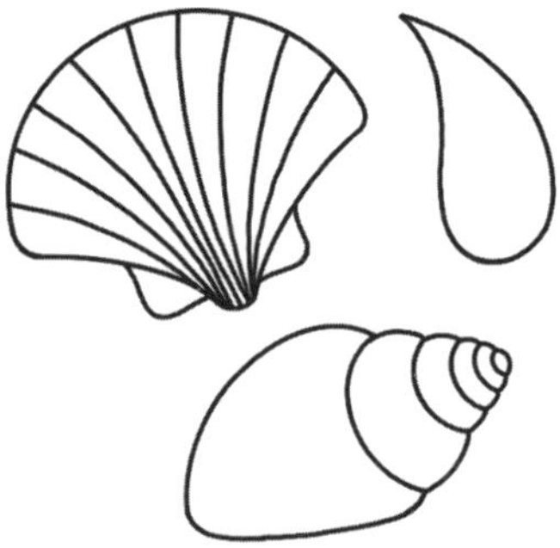

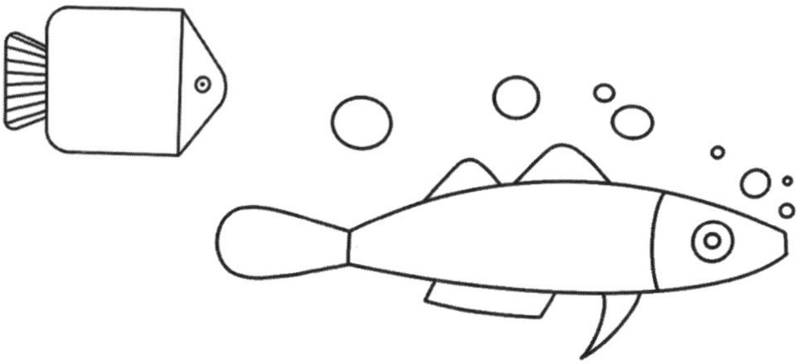

El color

¿Cuál es tu color favorito? Es probable que no te lo hayan preguntado desde que tenías doce años, pero es algo que vale la pena plantearse. Todos tomamos decisiones en lo tocante a los colores de los que nos rodeamos, ya sea en cuanto a la ropa que vestimos o a la pintura de las paredes, y se ha demostrado que los colores influyen en nuestros pensamientos y sentimientos en diversos aspectos. Los azules y verdes fríos, por ejemplo, suelen asociarse con la sensación de calma y tranquilidad, mientras que los naranjas y amarillos vivos son más energéticos y positivos.

Algunas de estas respuestas a los colores parecen ser relativamente universales y tal vez guarden relación con nuestro vínculo con el mundo natural, si bien otras son fruto de la cultura y la experiencia personal. Por ejemplo, en la actualidad tendemos a considerar el rosa como un color femenino y el azul como masculino, al contrario que en el siglo XIX.

Ahora piensa en cómo te afectan los diferentes colores. Personalmente, ¿con qué los asocias? ¿Qué recuerdos te traen a la memoria? Imagínate que te rodea un color en particular. ¿Qué sensaciones te provoca?

CONSEJO/ Como ejercicio de relajación, podrías hacer un dibujo (tan abstracto y descuidado como te plazca) utilizando diferentes tonos de colores que te resulten relajantes.

«No hay líneas
en la naturaleza;
solo zonas de color,
una contra otra».

Édouard Manet

Muévete

Seguramente ya sabes que hacer ejercicio contribuye al bienestar tanto físico como mental. Sin embargo, no está de más señalar que no siempre hay que quemar la cinta de correr o sudar tinta para beneficiarse de esta conexión entre nuestra mente y nuestro cuerpo. La forma en la que te muevas puede ayudar a que te sientas alegre, a tope de energía, o experimentes una mayor sensación de relajación, seguridad, serenidad o concentración. Un simple paseo es suficiente para ayudarnos a gestionar nuestras emociones, a reflexionar detenidamente acerca de nuestros problemas o a desbloquear nuestra creatividad.

A lo largo de la próxima semana, presta atención a cómo mueves tu cuerpo y a cómo esto influye en tu estado anímico y mental.

Pocas cosas provocan un subidón tan automático como la combinación de música y movimiento, ya sea en el transcurso de una clase de baile, en un festival de música o en tu propia casa con las cortinas corridas.
Subе el volumen y
simplemente déjate llevar.

Lunes

Martes

Miércoles

Jueves

Viernes

SÁBADO

DOMINGO